JN105924

姿勢がよくなる！
集中力が育つ！

0〜5歳の 楽しい

体幹あそび

[監修]

小倉和人

PHP

監修のことば

「よく転ぶ」「ぎこちない」「バランスが悪い」「持久力がない」……
これらは、園や児童施設で子どもたちを指導している私の実感です。
本書を手に取ってくださったお母さん・お父さんも、似たような思い
を抱いていらっしゃる方が多いのではないでしょうか。

　文部科学省やスポーツ庁のデータを持ち出すまでもなく、子どもた
ちの体力や運動能力の低下傾向は、いまだ大きくは改善されていませ
んが、その原因のひとつとして、子どもたちの「体幹」が弱いことが
挙げられます。

　体幹がしっかり育つと、運動やスポーツにおける成果の向上だけで
なく、日常動作でもからだを思い通りに動かすことができ、健全な生
活習慣や生活態度が身につきます。また、持久力や忍耐力が備わるこ
とから、集中力をうまく発揮することができ、学力の向上にも期待が
持てます。その延長としてさらには、自立心や自己肯定感の醸成にま
で効果を発揮することでしょう。

　本書では、はいはいの頃の赤ちゃん（４〜６カ月）から就学前の幼
児（４〜５歳）までの子どもたちの月齢・年齢に合わせた「体幹あそ
び」を紹介しています。

　体幹とはわかりやすく言えば「胴体」のことですが、その胴体に属
する筋肉群を上手に使う、あるいは活性化する動作を、「体幹あそび」
と称しています。

　もともと「あそび」には、体幹を育てる要素がふんだんに含まれて
います。たとえば鬼ごっこであれば、走る、止まる、かわすなどの動
作の中で体幹を駆使し、手足の協調性やバランス感覚が養われます。
さらには、ルールの理解や状況判断、友だちとの関係性の維持や協同

性の発揮など、体幹だけではない「生きる力」をはぐくむ力が、本来、あそびにはあるのです。

　子どもの月齢・年齢のそれぞれの時期に適したあそびを掲載していますが、あくまでも目安です。子どもの育ちや好みは人それぞれ、お子さんのペースに合わせてゆっくり取り組んでください。また、できるようになったあそびは、無理のない範囲で繰り返しましょう。子どもの「できた！」に共感すること、そしてそれを積み重ねること。それらが、子どもの生きる原動力になるのです。

　なお、本書ではあそび方や道具のつくり方、材料の分量、歌の節回しなどについて、あえて詳細には示していません。それらに唯一の決まりや正解はありませんので、親が考え、時には子どもと一緒に考え、気楽に、柔軟にアレンジしていただきたいからです。

　また、体幹あそびは、親子のスキンシップやコミュニケーションの促進にも役立ちます。あそびを通じて親と子どもが心を通わせること――そこから生まれる親子の信頼関係が、子どもの育ちを支えます。「信頼できる大人が近くで見守ってくれている」と信じることができる子どもは、何事にも自信をもって取り組むことができ、ぐんぐんと成長していくことでしょう。

　本書が、子どもたちとの楽しい毎日を創出し、お母さん・お父さん、そして子どもたちの幸せ実現の一助となることを願ってやみません。

KOBEこどものあそび研究所

所長　小倉和人

姿勢がよくなる！集中力が育つ！ 0〜5歳の楽しい体幹あそび もくじ

0〜1歳の 楽しい体幹あそび

3〜4歳の 楽しい体幹あそび

4〜5歳の 楽しい体幹あそび

体幹あそびと子どもの育ちのポイント

すべての動きはおへそを中心とした体幹から

体幹とは頭・四肢以外の部分で、胴体を支える筋肉を指します。役割は主に3つ。

①内臓を所定の位置に収める
②体を支える
③体を動かす

いずれも生きていくために必要なことです。体幹を強くすることは、「生きる力」をはぐくむことになります。

どのような体幹づくりをすればいいのでしょう。それは「しなやか」な体幹です。体の軸としての役割を基本とし、その場の状況で体をコントロールできることを目指していきます。

では、どのように体得していくのがいいのか？　やはり、きちんと食事をして、充分な運動をすることが必要だと言えるでしょう。

あそびながらはぐくむ

「スキャモンの発達発育曲線（1930）」は、リンパ系、神経系、一般系、生殖系の4つに分け、20歳までの成長度合いを示しています。20歳を100%とした場合、本書でアプローチする「体幹」などの（運動）神経系は6歳でおおよそ90%に達します。

つまり、乳幼児期はしなやかな体幹をはぐくむための大切な期間であり、その部分を意識して、しっかりと成長過程を見守っていくことが大切だと言えるでしょう。

ここでいう「はぐくむ」とは、「鍛える」ことではなく、「どのような動きが自分の子どもには必要なのか」という「ねらい」を導き出し、あそんでいくことです。「これ、できるかな？」「チャレンジしてみよう！」というふうに楽しみながら親子であそび、その中でバランス感覚や瞬発力などを身につけていくことが大切です。

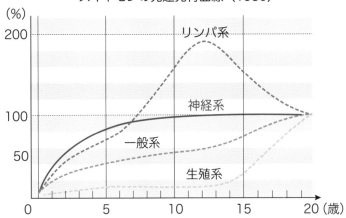

スキャモンの発達発育曲線（1930）

🐥 大切なのは親子の絆

　そして、もっとも大切なのは親子が一緒に楽しくあそぶこと。子どもは親の愛情に包まれることで、安心してのびのびと体を動かします。子どもの成長を感じながら、毎日少しの時間でいいので、一緒にあそぶことを楽しみましょう。

　このときにはぐくまれた親子の絆、信頼関係はその後の日々の生活において大きな財産となることでしょう。

🐥 心とつながる体幹

　心と体幹がどうつながるの？　と不思議な感覚になると思います。体幹あそびを繰り返し行ない、体幹が育っていくと「僕にも私にもできた」ということが増え、「これできた！」「ここまで進んだよ！」と何事にも意欲的に取り組めるようになり、それが心の育ちにつながります。体幹が育つと姿勢もよくなり、おいしい空気をたくさん吸い込むことで身体の活性につながります。新鮮な酸素がたくさん供給されることで脳の動きも活発になります。このように、あそびに対して意欲的に取り組むこと、「できた」を繰り返すことが子どもの自信となり、心の育ちにもつながっていきます。

子どもの育ちとあそびのポイント

0〜6カ月

寝返りができるようになるまでのおよそ6カ月間、赤ちゃんは「ねんね」の姿勢で過ごします。自由に体を動かすことはできませんが、感覚はしっかり備わっています。大人から積極的に関わり合い（言葉をかける・触れるなど）、子どもにとってよい刺激をたくさん与えましょう。

🌱 からだの発達

≪3〜4カ月頃≫

首がすわる 両手を持って上体を起こすと頭がついてくるようになります。

手に興味を持つ 自分の手をじっと見つめたり、口に入れてなめてみたりします。赤ちゃんはなめることでさまざまな感触を確かめます。

≪4〜6カ月頃≫

腹ばい 腹ばいにして寝かせると、自分の力で首を持ち上げられるようになります。

寝返り 仰向けの状態から腹ばいへと、下半身を先に回転させながら自分で寝返りを打ちます。

手を握る 手が開くようになり、握ることもできるようになります。目との協応が始まるので、見えたものをつかもうとします。

★ この時期に取り組みたいあそび

腹ばい 2カ月頃を目安に機嫌のよいときに少しずつ行ないましょう。顔をしっかり上げるように、声かけをしたり、おもちゃを置いたりしてみましょう。

見る・触る 赤ちゃんにいろいろなものを見せ、触らせましょう。色や形、ふわふわ、カチカチなど、さまざまな感触を経験させると同時に、積極的に声かけをして、言葉も聞かせるようにしましょう。

音を楽しむ 常に静かにしておく必要はありません。家事などの生活音や話し声、歌など、やさしい音は赤ちゃんにとってとてもよい刺激です。

🐥 6〜12カ月

体重が出生児の2倍を超え、また脳も約2倍になる時期で、飛躍的に成長します。日々、できることが増えていく様子を見ているのはとても楽しいこと。コミュニケーションをたっぷりとって親子の絆をはぐくみましょう。

🌱 からだの発達

ずりばい 体幹を使いながら、自分の意思で移動を始めます。

ハイハイ・たかばい お腹を持ち上げて四つんばいになり、手や膝を前後に動かして移動するようになります。

おすわり 腰がしっかりしてくると、おすわりができます。

たっち つかまり立ちができるようになります。また、伝い歩きも始めます。

手の協応 右手から左手、左手から右手と、左右の手を自由に操るようになります。

つまむ 親指と人差し指を使って、小さなものをつまんだり、放したりするようになります。

おはなし 8カ月頃になると「マンマン」などと、伝えようという意思を持って声を発するようになります。10カ月頃には「ママ」「パパ」など具体的な言葉も出てきます。

想像力 隠れているものの形を想像することができるようになります。

★ この時期に取り組みたいあそび

ハイハイ ハイハイは、その後のたっちやおすわりができるようになる前の重要な段階。少し前におもちゃを置く、子どもの視線で呼びかけるなど、どんどんハイハイを楽しみましょう。

いないいないばあ 手やハンカチ、カーテンなどを使って、いろいろなものを隠しては「あったー！」とあそびましょう。いないいないばあがとても楽しい時期です。

ブロック さまざまな指の動きを促すよう、いろいろな形のものをどんどん触ってあそびましょう。

1歳〜1歳半

この時期になると、よちよち歩きが始まります。歩くことで全身の血流がよくなり、持久力も高まります。「なんだろう？」と興味を示す「探索行動」を繰り返していきます。その中で、自我の芽生えという成長過程にも差しかかります。歩くという活動方法を体得した子どもは世界観が広がり、活動力・活動量ともに増えていきます（子どもの発達に関して、月齢・年齢は記載していますが、内容等には個人差が生じます）。

🌱 からだの発達

ヨチヨチ歩き 1歳3カ月くらいまでに2、3歩続けて歩くようになります。

歩く スムーズに歩けるようになるのは、およそ1歳半くらいが

目安です。

お絵かき クレヨンなどを持たせると、カーブした線を描くようになります。

おはなし 最初は「ワンワン」「ブーブー」など、二つ重ねの言葉から始まります。また、言葉と対象が一致してきます。

自我・感情の芽生え 欲しいもの、やりたいことなど、はじめは思ったことをストレートに要求します。叶えられると喜び、そうでないとすねてしまうなど、感情表現が豊かになっていきます。

★ この時期に取り組みたいあそび

散歩 平坦な道や舗装していない道、緩やかな坂道など、さまざまな場所を歩きましょう。道端の草や石、花などを一緒に見たり、風を感じたりするなど、すべてが子どもにとって豊かな刺激となります。

ひとりあそび おもちゃなどを置いて、子どもが一人であそぶ機会をつくりましょう。目の前にあるものから想像力を働かせて、さまざまなものを生み出そうとします（事故防止のため、ひとりあそびのときも必ず大人が見守ってください）。

手あそび 歌に合わせてリズムを取りながら、大人のまねをします。気に入っている手あそびなどは、楽しいので繰り返しあそびます。

1歳半〜2歳

この頃から3歳くらいまでにかけて、体のバランスが整ってきます。また内臓組織も成熟。骨もしっかりと形づくられてくる時期ですので、よく食べ、よくあそび、よく寝ることが、とても大切です。また、子どもの個性も出てくる頃で、おだやかに機嫌よく、親子で楽しみながら過ごしていきましょう。

🌱 からだの発達

歩く（ステップアップ） 速く歩く、ゆっくり歩くなど、歩行が充実してきます。また、またぐ、段差を上り下りするなどもできるようになります。長い距離も歩けるようになります。

しゃがむ お尻をつけずにしゃがむことができるようになります。つま先からかかとへの体重移動も上手になります。

指差し 左右どちらの指でも指差しができるようになります。また、片方の目を指差し、「もうひとつの目は？」と尋ねれば、きちんと理解し、もう一方の目を指差します。

お絵かき 始点と終点を合わせてマルを描くことができるようになります。また、「これはママ」「これはワンワン」と意味づけもするようになります。

自我・他者を意識 何でも自分でしようとするようになります。また、お友だちにおもちゃを渡したり、自分のものだと主張したり、自分と他者の違いを意識するようになります。

★この時期に取り組みたいあそび

散歩 散歩の距離を、少しずつ延ばしてみましょう。コース取りはだいたいいつも同じなのが望ましく、その中で同じ歩道、同じ段差、同じ階段などを楽しみながら歩くとよいでしょう。季節の移り変わりを子どもと共感できると、なおいいですね。

つみき 3つ程度積み上げてあそびます。倒れても、何度も繰り返します。

シール貼り 貼ってあるものを指先を使ってはがしたり、指先を使って別の場所へ貼り替えたりしてあそびましょう。

お友だちと一緒に 子ども同士、親同士が関われる場に行くこともおすすめです。はじめはその場の雰囲気に慣れず、子どもが泣いてしまうこともあるでしょうが、何度か通ううちに少しずつ慣れ、お友だちにも興味を持つようになっていきます。

2～3歳

第一次反抗期と呼ばれる時期でもあり、何でも自分でやろうとします。好みもはっきりしてくるので、大人のペースに引き込まず、子どものリズムに合わせて過ごせるようにしたいものです。乳児期から幼児期へと成長する姿を見守りましょう。

🌱 からだの発達

動きの調節 歩く速さ、持つ強さなど、力の調節ができるようになります。

ことば 「○○ちゃん、しない」「○○ちゃん、これがいい」など、自分の名前を入れて要求をしっかり伝えます。また、2歳後半くらいから「なんで？」「どうして？」と疑問が増えてきます。

両足ジャンプ 両足をそろえ、タイミングよくジャンプすることができるようになります。

片足立ち バランスよく片足で立つことができるようになります。

走る 元気に走るようになります。

⭐ この時期に取り組みたいあそび

かけっこ ママやパパ、または、お友だちと一緒にかけっこをしてみましょう。一緒に走るだけで楽しいものです。

追いかけっこ 逃げながら、その場の状況に応じて方向を変えて走ることができるようになっていきます。あそびの中で、止まる、走る、回るなど、さまざまな力が育ちます。

ごっこあそび 葉っぱのお皿、石や砂のごはんなど、「見立てあそび」が大好きになる時期です。おままごとの初歩的なあそびですので、親も一緒に楽しみましょう。

3〜4歳

　生活習慣など、次第に自立するようになる時期です。気の合うお友だちと一緒にあそぶことが増えます。また、言語への関心が強くなり、新しい言葉や直接の体験を通した知識を、積極的に取り入れていきます。

🌱からだの発達

ケンケン 片足立ちとジャンプを組み合わせ、ケンケンができるようになります。

三輪車 足を回転させて動かすことができます。

ボール投げ ボールをつかんだり、前に投げようとしたりする姿が見られます。

好み 乗り物や人形などで、好きなものとそうでないものがはっきりしてきます。個人の好みの差が見えはじめます。

歌う ある程度の音程が取れるようになり、歌を歌うことが好きになります。大好きな歌を一緒に歌ってもいいですね。

⭐この時期に取り組みたいあそび

ジャングルジム ぶら下がり、登り降りなど、自分の体を動かしながら手・足の運びや高さなどを認識していきます。

ブランコ・シーソー 不安定な遊具などに乗っても、自分で体勢を保とうとします。繰り返しあそぶといいでしょう。

手押し車 手を動かして前に進むという、子どもにとってとても楽しいポイントとなるあそびです。腹筋や背筋に刺激を与えつつ、丈夫な体づくりをしましょう。

4～5歳

　いくつかの動きが同時にできるようになり、思いきり走る、ボールを蹴るなどの動きにもチャレンジする姿が見られます。言葉のやり取りで自分の意思を伝えることができるようになり、さまざまな表現を楽しめる時期でもあります。

❤ からだの発達

同時に 走ってジャンプする。手をついて跳び越すなど、2つ程度の動きを同時に行ないます。

プールあそび 水の不思議さに触れたり、開放的な気持ちになったりと、あそびの中で「水慣れ」を進めることで、水に対する怖さが薄れていきます。

描く 自分の経験したことを、カラーペンやクレヨンで描こうとします。うまくいかなくても次第に方法を覚え、表現できるようになっていきます。

感情 「恥ずかしい」という気持ちが芽生える頃です。知らない人の前で急にしおらしくなったり、上手にできないことをしなくなったりもします。一方で、「がんばってやってみる」という粘り強さも出てきます。

自制心 順番を守る、自分より幼い子に気をつけるなど、ルールを守ることを少しずつ意識するようになります。

★ この時期に取り組みたいあそび

操作あそび 手先を使うもの、体を大きく動かすものなど、自分の意思でコントロールできるようになっていきます。

水・プールあそび 普段の生活では経験できない水の不思議さを、夏場の時期にたくさん経験しましょう。

マット（床）運動 前回りや寝返りの連続など、体の重心の移動がずいぶんできるようになります。

5歳以降

　基本的な運動や生活習慣が身につき、生活やあそびを仲間と協調的に進めていきます。友だちと協同的な集団活動を展開できるようになり、自分の思いを言葉やさまざまな方法で表現できるようになっていきます。

🌱からだの発達

全身の協応 鉄棒や平均台、跳び箱といった、全身のさまざまな動きが組み合わさる動きができるようになります。

役割の理解 大人と子ども、お店の人とお客さんというように、それぞれの役割を理解していきます。

言葉 覚える言葉が飛躍的に増え、「○○だから△△する」というように、助詞を使って自分の思いを相手に伝えようとします。

文字・数の概念 文字の形、書き方、思いついた単語を書こうとする活動や、数字に興味を持ったり、書いてみたり、数えてみたりするなど、あそびの中で基本的な文字、数を覚えていきます。

承認欲求 「認めてほしい」「褒められたい」「喜ばせたい」などの気持ちが芽生えます。親に手紙を書いたり、お手伝いをしたりもするようになります。

⭐この時期に取り組みたいあそび

竹馬 高い視線を楽しみましょう。

ホッピング・一輪車 バランスを取りながらチャレンジする気持ちを持って取り組んでみましょう。

こま回し 指先の運動を駆使しながら、回すことへの情熱を！

鉄棒 逆上がりに挑戦！

ルールのあるあそび 集団でのあそびには必ずルールがあります。友だちとそれを共有して関係性を深めます。その中で生じる「いざこざ」は、子ども同士で解決できるように見守りましょう。

「ママ休暇」のススメ

　毎日毎日、子育てに家事、フルタイム・パートタイムの仕事や人づきあいなど、現代のお母さんは、分刻みのスケジュールで、日々の段取りをやりくりしています。赤ちゃんの頃は何をやっても愛しく思えたのに、子どもが大きくなるにつれてイライラや不満が募り、つい感情的に怒ってしまって自己嫌悪……、そんなお母さんが多いのではないでしょうか？

　ここでひとつ提案です。「ママ休暇」を活用してみませんか？　「ママ休暇」とは簡単に言うと、パパに少しの時間、育児を任せることです。１日に１時間、３時間、半日など、子育てを共有してもらい、ママは自分の時間を持つことで気分スッキリ、リフレッシュ！　また子育てに前向きになっていただくというわけです。

　パパが忙しければ、おばあちゃん、おじいちゃんでもいいでしょう。お母さんだけでなく、できるだけ周りの人たちと一緒に子育てをしていき、皆で子どもたちの成長を見守ってほしいと思います。皆に育てられた子どもが大人になり、また皆で子どもを育てる、そんな子育て文化が根づくといいですよね。

　子どもたちには、無限の可能性と能力が潜んでいます。その成長に、親として大人として、周りの皆が力添えをし、想像力豊かな、希望に満ちた人々が、この世の中にたくさん育ってくれるといいなと思っています。

0〜1歳の
楽しい
体幹あそび

1 ゆりかごゆらゆら

4〜6カ月

コレが身につく！

☑ バランス感覚
☑ 親子の絆

ゆ〜ら
ゆ〜ら

左右にゆっくり

▶ひじで子どもの首を支え、横向きにだっこし、左右にゆっくりと揺らしましょう。▶動きに合わせ、「ゆ〜ら、ゆ〜ら」などの声をかけると、子どもも楽しんで笑顔になります。

あそびのポイント！

赤ちゃんはだっこが大好き。ママ・パパの温もりで安心しながらあそぶことができます。笑顔で取り組んでくださいね。

2 親子でラッコ

4〜6カ月

コレが身につく！

☑ バランス感覚
☑ 親子の絆

左右にゆらゆら

▶ラッコをイメージしてください。▶大人が仰向けに寝転び、その上に子どもを腹ばいで寝かせます。▶腕で抱きかかえるようにしながら、左右にゆらゆら揺れましょう。

あそびのポイント！

声かけも忘れずに。ママやパパのやさしい声は子どもを安心させる力があります。

3 おっきおっき

4〜6カ月

コレが身につく！

☑ 首の力
☑ 腹筋
☑ 背筋

ゆっくりと

▶子どもを仰向けに寝かせましょう。▶大人の親指を子どもに握らせ、それを覆うように手を持ちます。▶子どもが手に力を入れたら、ゆっくりと起こしましょう。

あそびのポイント！

頭が一緒についてくるように、何回か繰り返しましょう。起き上がったときに、ママやパパの笑顔を見せてあげるといいですね。

バスタオルびゅ〜ん

コレが身につく！

☑ 腹筋
☑ 背筋
☑ バランス感覚

▶バスタオルなどを敷き、その上に子どもを腹ばいで寝かせます。▶大人はバスタオルの端を持って中腰になり、引きずりながらゆっくりと移動しましょう。

最初はびっくりしてじっとしてしまうかもしれませんが、慣れてくるとタオルの上で上手にバランスが取れるようになります。直線の動きだけでなく、カーブも取り入れてみましょう。

おふねがざんぶらこ

腿を上下に

左右に

▶大人は膝を伸ばして座り、子どもを向かい合わせにして腿のあたりに座らせます。▶波のイメージで、腿を上下させたり、左右に揺らしたりしましょう。▶にっこりと笑顔で、声かけをしながら、ゆっくりとしたペースで行ないましょう。▶上手になったら、左右バラバラに足を動かしたり、足の動きを大きくしたりしてもいいですね。

あそびのポイント！

子どもの肋骨のあたりをやさしく持って支えましょう。脇をギュッと持つと自由な動きができなくなってしまうので注意しましょう。

6 ゴロリンコ

6〜9ヵ月

コレが身につく！

☑ 体幹を刺激
☑ バランス感覚

ゴロリン

子どもの膝を
曲げて向ける

▶子どもを仰向けに寝かせます。▶寝返りを打たせたい方向に、子どもの膝を曲げて向けます。▶左右どちらもできるよう、偏りなく取り組みましょう。

あそびのポイント！

何度も繰り返す必要はありません。毎日、少しの活動を同じ時間帯に続けていくことがポイント。下半身を先に動かしてから、上半身を回転させるように誘導してみましょう。

7 もこもこ

6〜9カ月

コレが身につく！

- ☑ 体幹を刺激
- ☑ 高さの感覚

もこもこ〜

▶子どもの脇に手を入れて抱きかかえ、低いところから高いところ、高いところから低いところへ上下に動かします。▶「もこもこ、もこもこ〜」と動きに合わせて声かけを。▶ママ・パパの笑顔もたくさん見せてあげてください。

あそびのポイント！

動かすスピードは子どもの表情を見て。ゆっくりでも充分楽しめます。

8 親子でおいもさん

☑ バランス感覚
☑ 親子の絆

ゴロン

▶仰向けに寝た大人のお腹に、子どもを腹ばいにして乗せます。
▶両手で子どもをやさしく包み、ゴロンゴロンとゆっくり転がります。▶子どもが下になったときには、大人の懐に空間をつくってあげましょう。

 あそびのポイント！

回転する際に、子どもの手をはさんだりひねったりしないように注意しましょう。声をかけ、ゆっくり楽しみながら行なってください。ぴったり肌を寄せ合うスキンシップの大切な時期です。

9

穴からまてまて〜

☑ 体幹を保つ力
☑ 両手両足の動き

まてまてまて〜

▶ハイハイをしようとしている子どもに大人が覆いかぶさります。▶子どもが少し進んだら、「まてまてまて（待て）〜」と言いながら追いかけましょう。

あそびのポイント！

自分が進むとママ・パパがついてくることがわかると、子どもは楽しくなって、おもしろいように進みますよ。

10 あんよまたぎ

10カ月以降

☑ 膝の使い方

0〜1歳

またぐ

▶大人は膝を伸ばして座り、足を広げます。▶広げた足の間に子どもを立たせ、手を持ちます。▶声かけをしながら、右へ左へと大人の足をまたいであそびましょう。

あそびのポイント！

手は引っ張らず、やさしく持って、ゆっくりと誘導しましょう。

11 ゆらゆらおひざ

10ヵ月以降

コレが身につく！

☑足を踏ん張る力

ゆ〜ら
ゆ〜ら

上下に

左右に

▶大人は膝を伸ばして座り、子どもを腿のあたりに立たせます。
▶「ゆ〜ら、ゆ〜ら」などと声をかけながら、足を上下左右に
ゆっくりと動かしましょう。▶子どもの表情を見ながら、速さや
大きさを調節するとよいでしょう。

あそびのポイント！

子どもを乗せる位置は、子どもの足の幅くらいの場所が乗せやすくて
おすすめです。子どもの肋骨のあたりをやさしく持って支えましょ
う。

12 あんよピョ〜ン

10カ月以降

コレが身につく！

- ☑ 腕の力
- ☑ 腹筋
- ☑ 背筋

▶子どもを腹ばいに寝かせます。▶大人の手で子どものお腹と足を支えて、腕で立たせるようにします。▶少しずつ角度を上げてあそんでみましょう。

あそびのポイント！

難しい場合にはお腹を支えてあげましょう。授乳や食事の直後は控えてくださいね。

13 ぐるりんパッ！

10ヵ月以降

0〜1歳

コレが身につく！

☑ バランス感覚
☑ 親子の絆

ぐるり〜ん
パッ！

▶子どもと向かい合わせになるようにだっこをします。▶そのまま、大人が「ぐるり〜ん……」と回転。▶元の位置に返ってきたときに「パッ！」と子どもの顔を見ます。▶「ぐるり〜ん……」と「パッ！」の言葉と動きのメリハリ、大人のやさしい表情に子どもは大喜びです。

あそびのポイント！

回転方向は左右まんべんなく。繰り返すと、子どもも「パッ！」に合わせて笑うようになります。

コレが身につく！

☑ 腹筋
☑ 感覚の刺激

0〜1歳

ブシュッ

▶子どもを仰向けに寝かせて、「あたま かた ひざ ポン」のメロディーに合わせて、体のいろいろなところを触りましょう。▶最後の「ポン」の部分を、「ブシュッ」に変えると楽しくなります。

①「♪あ〜たま かた ひざ」 ☞歌に合わせて順に触ります。

②「♪ブシュッ」☞ポンに代えて「ブシュッ」。お腹をやさしくつかみます。

③「♪ひざ ブシュッ ひざ ブシュッ」☞お腹同様、膝をつかみます。

④「さいごは〜 コチョコチョコチョ〜」☞子どもの体をくすぐります。

あそびのポイント！

「さいごは〜」のあと、くすぐる前に「タメ」をつくるのが楽しむコツです。

15 10ヵ月以降 デコボコマットで行ったり来たり

用意するもの

- 大きめの布団圧縮袋
- 風船（直径20〜25cm程度に膨らませておく）
- ビニールテープなど

コレが身につく！

- ☑ バランス感覚
- ☑ 四肢の力
- ☑ 腹筋
- ☑ 背筋

▶「デコボコマット」を床に置き、その上を子どもにハイハイさせます。▶マットの端まで上手に移動できたらいっぱい褒めてあげましょう。

✂ デコボコマットのつくり方

①布団圧縮袋に膨らませた風船をたくさん入れて、空気を抜く。
②四隅をビニールテープなどで保護する。

あそびのポイント！

大人は子どもの対面の位置に。マットが動かないように押さえながら、子どもの動きに合わせて、笑顔で声かけを。

16 一本橋わたろ！

10ヵ月以降

✂ **用意するもの**

●空の牛乳パック　●新聞紙　●ガムテープなど

コレが身につく！

☑ バランス感覚
☑ 脚力
☑ 体幹を保つ力

▶一本橋を床に置き、その上を歩いて渡ります。▶壁際などに置くと、壁に手をついて体を支えることができるのであそびやすくなります。▶進む感覚も得られやすくなります。

✂ **一本橋のつくり方**

①空の牛乳パックに丸めた新聞紙を詰め込む（上部の三角の部分は中へ押し込む）。
②子どもが歩きやすい幅と長さにガムテープなどでつなげる。

あそびのポイント！

この時期の子どもはO脚気味。たくさん歩くことで適正になっていきます。

37

17

外あそび

デコボコサンド

コレが身につく！

☑ 足を踏ん張る力
☑ バランス感覚

▶公園などで行ないます。▶デコボコになっている砂場を歩かせます。▶大人は少し離れたところから声かけを。▶上手にたどり着いたら、ギュッと抱きしめてあげましょう。

あそびのポイント！

大きなデコボコを無理につくる必要はありません。砂場を歩くだけで充分ですが、様子を見ていろいろなデコボコをつくってあげるといいですね。

18 おウマさんパカパカ

10カ月以降

コレが身につく！

☑ バランス感覚
☑ 体幹を保つ力

パッカ
パッカ

▶四つんばいになった大人の背中に子どもが座ります。▶「パッカパッカ」「よいしょ、よいしょ」など動きに合わせて声かけをしながら、ゆっくり歩きます。

ママとパパ、一緒に取り組んで。子どもの座る位置は大人の腰のあたり。子どもの上体が起き、背筋がまっすぐになるように、もう一人の大人がそっと支えてあげましょう。ケガ防止のため畳の上がおすすめ。

19 ひっぱりタオル

◎ 用意するもの

● フェイスタオルなど
● 荷造りひもなど

コレが身につく！

☑ 四肢をタイミング
　よく動かす力
☑ 全身の力

あとちょっと！

▶荷造りひもにフェイスタオルを掛け、子どもの伸ばした手が、タオルの端に届くか届かないかの位置にぶら下げます。▶子どもが体を伸ばして取ろうとするのを応援しましょう。

あそびのポイント！

大人が1人の場合は、ひもの片方の端を何かに結ぶといいでしょう。幼いうちは引きずり下ろすことができればそれで大丈夫。できる子にはジャンプを促してみてもいいですね。

1〜2歳の楽しい体幹あそび

うんとこしょっ！

コレが身につく！

☑ 腕の力
☑ 体幹を保つ力

▶子どもは両手をつき、大人が足を持ち上げます。▶腕支持の状態で立てたら、逆立ちの姿勢になるように足を少しずつ上げていきます。

あそびのポイント！

子どもが腕だけで体を支えられないときは、胸のあたりを抱えてサポートしてあげましょう。できるときには、少し歩いてみてもいいですね。

きんこしょん♪
かんこしょん♪

コレが身につく!

☑ バランス感覚

上下に

▶大人は仰向けに寝て、両膝を立てます。▶すねの部分に子ども
を乗せ、足を上下に動かしながら「♪きんこしょん　かんこしょ
ん　○○さん家の○○ちゃん　ニコニコ笑顔が　イイーッ!」と
歌いましょう。▶最後の「イイーッ!」のところで膝を開き、子
どもを落とすようにしてあそびましょう。

あそびのポイント!

足を上下させるときにはテンポよく。子どもの表情を見ながら、ス
ピードや動きの大きさを調節しましょう。大人も一緒に楽しむことが
ポイントです。

22 きんこしょんピョ〜ン！

1〜2歳

コレが身につく！

☑ バランス感覚
☑ 体幹を保つ力

▶「きんこしょん♪ かんこしょん♪」（43ページ参照）のアレンジです。▶最後の「イイーッ！」のところで、子どもを前転させる要領で、大人の頭を越えたところに着地させます。

あそびのポイント！

子どもの腰あたりを持って、腕を返すようにすると簡単にできます。
どちらかというとパパとのあそびにおすすめです。

ズルズルすべり台

◎ 用意するもの
● イス

コレが身につく！

☑ バランス感覚
☑ 腹筋
☑ 背筋

シューン

すべらせる

▶大人はイスなどに座り、足をそろえて伸ばします。▶すべる方向に子どもを向けて体を支え、足の上をすべらせてみましょう。

あそびのポイント！

すべる動きに合わせて「ズルズルー」「シューン」などと声かけを。
高低差に慣れてくるといっそう楽しめるようになります。

24 ダンボールよいしょ!

1〜2歳

◎ 用意するもの

● ダンボール箱
（子どもの体より少し大きめのもの）

コレが身につく!

☑ 四肢の力
☑ 体幹を保つ力

1〜2歳

▶空のダンボール箱を持ち上げてあそんでみましょう。▶さまざまな大きさのものを複数置いてもいいですね。

あそびのポイント!

自分の体よりも大きなものを持ち上げられると、子どもはとてもうれしい気持ちになります。懸命に取り組む様子に子どもの成長を感じることができ、応援にも熱が入りますよ。

おそらのさんぽ

コレが身につく！

☑ 平衡感覚
☑ 腹筋
☑ 背筋
☑ 体幹を保つ力

ブーン

上下に

前後
斜めに

▶子どもを腹ばいの状態で抱き上げます。▶子どもを飛行機に見立てて空を飛んでいるイメージで、上下や斜め、前後に動かしてあそびましょう。

あそびのポイント！

「ブーン」と効果音を出したり、「上がりまーす」「降りまーす」と動きを示したりと、大人がうまく雰囲気をつくることが楽しむコツです。

26 あんよがオッと！

コレが身につく！

☑ バランス感覚
☑ 体幹を保つ力

せ〜の

お〜っとっとっと

▶大人と子どもが手をつないで立ちます。▶「せ〜の」で一緒に片足を上げてバランスを取ります。▶ふらついても「お〜っとっとっと」と楽しく。▶左右ともに取り組みましょう。

あそびのポイント！

子どもを壁際に立たせて、壁に手をついて体を支えても大丈夫！ 親子で一緒に楽しみましょう。

トンネルくぐって

コレが身につく！

☑ 全身の力

ヨイショ
ヨイショ

▶大人はお山座りをします。▶子どもは足のトンネルをくぐります。▶行ったり来たりしてあそびましょう。

あそびのポイント！

子どものくぐってくる方向から大人の手を見せて、「おいでおいで」と誘導しましょう。トンネルの高さを時々低くしてみても楽しいですよ。子どもは腹ばいになって前進します。

28 ○○ちゃん、おちた？！

1〜2歳

☑ 高低差の感覚
☑ 体幹を保つ力

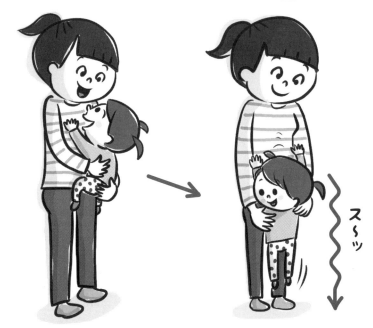

スーッ

▶子どもをだっこして歌います。▶「♪おーちたおちた　だーれがおちた　○○ちゃん！」。▶最後の「○○ちゃん！」のところで、大人の体に子どもの体を沿わせながら、スーッと下に降ろしましょう。▶下まで到達したら、まただっこして始めます。

あそびのポイント！

子どもの体を降ろすとき、ストンと落とすのではなく、ゆっくりと降ろしましょう。子どもは、自身の体が姿勢を保とうとする感覚を感じています。

1〜2歳

29

1〜2歳

たかい たかい タッチ！

用意するもの

● 風船　● ひもなど

コレが身につく！

☑ **体の伸縮性**
☑ **バランス感覚**
☑ **体幹を保つ力**

▶膨らませた風船にひもをつけて、子どもが届くか届かないかの高さに風船がくるように持ちます。▶子どもは、風船を手ではたいたり、キャッチしたりしてあそびましょう。

子どもが体をめいっぱい伸ばしてあそぶようにするのがポイントです。つま先立ちにも自然に挑戦するようになりますよ。

新聞棒で ヨイショ＆ジャンプ

◎ 用意するもの

● 新聞紙 ● セロハンテープなど

コレが身につく！

☑ 上体を保つ力
☑ 脚力

▶「新聞棒」を数本つくり、等間隔に並べます。▶子どもはその間を歩いたり、ジャンプしたりしてあそびましょう。▶「新聞棒」の間隔を変えながら、いろいろな動きを楽しんでください。

✂ 新聞棒のつくり方

①新聞紙を5枚程度重ねて、棒状に丸める。
②端をセロハンテープで留める。

あそびのポイント！

またぐときには膝をしっかり上げるようにしましょう。また、2歳くらいになると飛び越えられるようになるので、その際には両足をそろえてジャンプできるといいですね。

31 おウマさんパックパック

1〜2歳

用意するもの
- 空の牛乳パック
- ガムテープなど

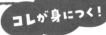
コレが身につく！

☑ 腹筋
☑ 背筋
☑ 腕の力
☑ 四肢をタイミング
　よく動かす力

▶「おウマさん」にまたがって手綱（持ち手）を持ち、足で床を蹴りながら進みましょう。

✂ おウマさんのつくり方

空の牛乳パックの注ぎ口をガムテープなどでしっかりふさぎ、内側へ押し込みます。いくつかつくって組み合わせ、子どもが乗れるくらいの大きさにします。手綱に見立てた持ち手をつけるとあそびやすくなります。かわいく飾ってもいいですね。

あそびのポイント！

片足ずつではなく両足をそろえて蹴り出せると、なおよいでしょう。声かけをして盛り上げてくださいね。

かわいい宅配便

🔖 **用意するもの**

- ●空き箱
- ●ラップフィルムの芯（20cm 程度の長さのもの）
- ●荷造りひもなど
- ●ペットボトル（色水を入れる）

コレが身につく！

☑ **足を踏ん張る力**

▶ペットボトルを数本入れた「荷車」を引いてあそびます。▶部屋のあちこちにペットボトルを置いて、集めながら移動したり、集めたペットボトルを配ってもらったりしましょう。

✂ **荷車のつくり方**

ラップフィルムの芯に荷造りひもを通し、ひもの両端を箱につけて留めます。ペットボトルには色をつけた水を入れてあげると、さらに楽しくなります。

 **あそびのポイント！**

足や腕に上手に力を入れて運ぶようにしましょう。重すぎず、軽すぎず。上手に重さを調節してあげてください。

33 はこんでド～ン！

📎 用意するもの
● 小さめのダンボール箱

コレが身につく！

☑ 足を踏ん張る力
☑ バランス感覚

ド～ン！

▶空のダンボール箱を5～6個用意します。▶つみきと同じ要領でどんどん積み上げ、最後に「ド～ン！」と倒してあそびましょう。▶高いところに積むときは、大人がだっこしてください。

あそびのポイント！

ダンボール箱を1カ所に集めて置いておくのではなく、部屋のあちこちに置いておくようにすれば、運動量を増やすことができます。倒すときは思いきって勢いよく。盛り上がりますよ！

まんまるちゃんポトン！

◎ 用意するもの
- ●ホース（新聞紙でも可）
- ●セロハンテープなど　●空き箱

☑ **バランス感覚**
☑ **体幹を保つ力**

まんまるちゃん

ポトン！

▶少し離れた場所に空き箱を置いておきます。▶子どもの頭に「まんまるちゃん」を載せ、箱の置いてある場所まで、落とさないようにしながら歩きます。▶箱まで到達したら頭を下げて、「まんまるちゃん」をポトンと箱に落とします。

✂ **まんまるちゃんのつくり方**

ホースやねじった新聞紙で輪をつくってテープで留めましょう。小さすぎるとすぐに落ちてしまうので、子どもの頭の外周くらいを目安にしてください。

あそびのポイント！

移動するときは大人も一緒に。言葉だけでは子どもは違うところへ行ってしまいます。

まんまるポンポン

1〜2歳

◎ 用意するもの

● ビニール袋

コレが身につく！

☑ バランス感覚

☑ 四肢の力

裏返す

▶「まんまるボール」を上に放り上げてキャッチしたり、そっと持ってみたり。▶遠くまで取りに行くようにすると、いっそう楽しくなります。

✂ **まんまるボールのつくり方**

① ビニール袋の底2カ所を結んで裏返す。
② それをめいっぱい膨らませて口を閉じる。

あそびのポイント！

まずは大人がやって見せてあげましょう。子どもは最初じっと見ているでしょうが、しばらくすると自分でやってみようとします。

トントンぐるぐる パッパッパ！

コレが身につく！

☑ 四肢をタイミング
よく動かす力

☑ まねをして自分の
体を動かす力

▶「ごんべさんの赤ちゃん」のメロディーで、歌詞を変えます。

① 「♪トントントントントン」☞ お腹の前で手を握り、グーで交互に4回お腹を打ちます。

② 「♪ぐるぐる」☞ かいぐりをします。

③ 「♪パッ」☞ 両手両足を開いてジャンプします。これを4回繰り返します。

あそびのポイント！

「パッ」のジャンプは跳び上がれなくても大丈夫！　両手両足を力強く広げましょう。

外あそび

ぐるりと一本橋

コレが身につく！

☑ バランス感覚
☑ 脚力

よーい、ドン！

スタート

▶公園などで行ないます。砂場の縁石に背中合わせに立ち、お互いに前進します。▶ぐるっと歩いて出会ったところで両手をタッチ！

あそびのポイント！

「よーい、ドン！」でスタートし、「どっちが速いかな〜」などと盛り上げましょう。

38 お砂にピョン！

1～2歳

コレが身につく！

☑ 四肢をタイミング
　よく動かす力

☑ 脚力

ピョン！

▶公園などで行ないます。砂場の縁石に立ち、一度しゃがんでから足を伸ばすタイミングで砂場に両足でジャンプ！▶両足ジャンプが難しいときは、大人が対面から両手を持ってサポートしてあげましょう。▶着地するあたりの砂をほぐしておくと、着地の際に足が沈んでさらに楽しくなります。

あそびのポイント！

「体を縮める→伸ばす→両足でジャンプ」ができていれば大丈夫！遠くに跳ぶ必要はありません。一瞬でも両足が一度に地面から離れる感覚を覚えるのがポイントです。

39

外あそび

電車ごっこ

コレが身につく！

☑ バランス感覚
☑ 体幹を保つ力

ゴール

まてまて〜

スタート

▶地面にジョウロなどを使って水で線路を描きます。▶電車になりきって線路の上を歩いたり走ったりしましょう。▶大人が後ろから追いかけると、子どもは進んでいきます。

あそびのポイント！

まっすぐだけでなく、くねくねや螺旋（らせん）などの曲線を多く描くと、移動しながらバランスを取る機会が増えます。

生活に密着したあそび

「体幹あそび」と聞くと、「どうすればいいの？」「乳幼児にも必要？」と戸惑う方がいらっしゃるかもしれませんが、ご安心ください。あそびはごく身近な、生活に密着したもので充分です。

　特に１～２歳の時期は、粗大運動（姿勢の保持やバランス、歩く・走る・ジャンプする・飛び降りるといった動作）が大好きになってきます。全身を使って夢中になれるあそびを、子どもたちと一緒に楽しみましょう。

　あそぶときは、先を急ぐ必要はありません。じっくり、ゆっくり、一人ひとりに合ったあそびを行なう中で、子どもは「楽しいな」「おもしろいな」と自律的にあそびます。また、興味を持ったあそびに出合うと、何度も同じことを繰り返します。繰り返しできる環境を家庭に準備することも大切です。ほんの２～３分、少しの時間であそぶことを、毎日繰り返してみましょう。あそびの継続を促すためには、同じ時間帯に、タイミングを決めて行なうようにするといいでしょう。

　１～２歳の時期は、保護者と深く関わることで情緒の安定を図り、子どもたちが安心して機嫌よく過ごせることが大切です。その中にあそびの工夫、展開、仕掛けがあると、もっと活発に、笑顔がたくさん生まれながら過ごすことができると思います。だからこそ、生活に密着したあそびが大切なのです。

2～3歳の
楽しい
体幹あそび

40 パパママサーキット

2〜3歳

ジャンプ

またぐ

ジャンプ

ジャンプ

▶大人は、仰向けに大の字になって寝ます。▶子どもは、大人の上を右手、右足、左足、左手と両足でジャンプします。▶1周したら胴体の上を大きくまたいであそびます。

あそびのポイント！

大人はじっと動かないで。動くとお互いにケガのもとになります。上手になったら1周ではなく、2周、3周と胴体までの周回を増やすといっそう楽しくなります。

ゆらゆら飛行機

コレが身につく！

☑ バランス感覚
☑ 腹筋
☑ 背筋

2〜3歳

▶大人は仰向けに寝て、足を上げます。▶子どもの手を持って、大人の足の裏に子どもを腹ばいの状態で乗せます。▶大人の足を上下させて、飛行機のように動かしてあそびましょう。

 あそびのポイント！

笑顔で声かけをしながら取り組んでください。動かす速さは子どもの様子を見ながら調節してくださいね。

42

2〜3歳

デコボコマットで
おさんぽごっこ

「用意するもの」と「デコボコマットの
つくり方」は 36 ページ参照

コレが身につく!

☑ バランス感覚
☑ 体幹を保つ力

2〜3歳

▶「デコボコマット」の上をバランスをとりながら歩きましょう。

あそびのポイント!

大人が乗ってもデコボコマットが割れることは稀です。怖がりすぎ
ず、一緒に楽しくあそびましょう。

43

2〜3歳

デコボコマットで
おいもごろごろ

「用意するもの」と「デコボコマットの
つくり方」は 36 ページ参照

コレが身につく！

☑ バランス感覚
☑ 体幹を保つ力

2〜3歳

▶「デコボコマット」の上に寝転んで、おいものようにゴロゴロ
と転がってあそびます。

まっすぐ転がるのは案外難しいもの。落ちないようにがんばって！

67

44 新聞棒でつなわたり

2〜3歳

「用意するもの」と「新聞棒のつくり方」は 52 ページ参照

コレが身につく！

- ☑ バランス感覚
- ☑ 体幹を保つ力

▶「新聞棒」を 5 本ほどつくって並べます。▶平均台のように「新聞棒」の上を歩いてあそびましょう。

あそびのポイント！

高さのある平均台と違って、「新聞棒」は踏めばつぶれるので怖くありません。はじめはジグザグ、できるようになったら直線にしてみてください。

45 おふとん橋

📏 用意するもの

● 敷布団　● 荷造りひもなど

コレが身につく！

☑ バランス感覚
☑ 体幹を保つ力
☑ 高さの感覚

おっとっと

▶上手にバランスをとりながら、「おふとん橋」の上を歩きます。

✂おふとん橋のつくり方

敷布団を丸め、荷造りひもで数カ所しばります。

あそびのポイント！

はじめは壁際に置いてあそび、慣れてきたら壁から離してみましょう。

46 おふとん橋スリスリGO!

2〜3歳

「用意するもの」と「おふとん橋のつくり方」は69ページ参照

コレが身につく！

☑ 腕支持の力
☑ 腹筋
☑ 背筋
☑ バランス感覚
☑ 高さの感覚

スリスリ

▶「おふとん橋」の上に座り、両手を前につきます。▶腕の力で前に進みましょう。

あそびのポイント！

腕支持の力がしっかりしていると、転んだときにちゃんと手がつけるようになります。

おサルさんウッキッキ〜

用意するもの
●ラップフィルムの芯
（30cm 程度の長さのもの）

コレが身につく！

☑ 腕の力
☑ 腹筋
☑ 背筋

2〜3歳

▶子どもはラップフィルムの芯を両手で持ちます。▶大人は芯の両端を持って高く上げ、子どもはぶら下がります。▶しっかりぶら下がれるようになったら、子どもはそのままで、大人が移動してみてください。

あそびのポイント！

手は「順手」になるように。手を離さないよう声かけをしたり、大人が手を添えたりしてサポートしてもよいでしょう。

48 ヘビヘビなわわ

外あそび

2〜3歳

コレが身につく！

☑ 身のこなし
☑ バランス感覚
☑ 四肢の力
☑ 体幹を保つ力

▶なわとびの縄を床にはわせ、ヘビのように揺らします。▶子どもはまたいだり、飛び越えたりしてあそびましょう。▶繰り返しあそんだら、高さをあげて小波のように揺らしたり、トンネルにしたりしてみましょう。

あそびのポイント！

動いているものに合わせて体の使い方を考えることはとても大切なことです。縄は変幻自在。いろいろなパターンをアレンジしてみてください。

49

2〜3歳

外あそび

おすわりぶらんこ

コレが身につく！

☑ 体幹を保つ力
☑ 体重移動の感覚
☑ バランス感覚
☑ 高さの感覚

2〜3歳

▶公園などでブランコに座り、鎖をしっかりと持つようにします。▶後ろからそっと押して揺らしましょう。▶慣れてきたら、少し強めに。▶繰り返しあそびます。

あそびのポイント！

繰り返しているうちに、ブランコの揺れに合わせながら、体をまっすぐに保てるようになります。

コレが身につく！

☑ 体幹を保つ力
☑ 四肢の力
☑ 瞬発力
☑ 判断力

まてまて〜

キャー

2〜3歳

▶子どもと一緒にいるときに、突然「まてまて（待て）〜」と言います。▶子どもは慌てて逃げようとするので、その速さに合わせて追いかけましょう。

あそびのポイント！

最初の「まてまて〜」で驚かせてはいけません。「楽しいことが始まるよ」という雰囲気が大切。追いかけるときも、捕まえるのではなく、懸命に体を動かすことをサポートしましょう。

51

外あそび

マンホールで
ピンポ〜ン！

コレが身につく！

☑ 脚力
☑ 判断力

ピンポーン！

ブーッ

2〜3歳

▶散歩中などにするあそびです。▶マンホールの丸いふたを見つけたら、両足でジャンプして踏んで「ピンポ〜ン！」。▶四角いふたの場合には「ブ〜ッ！」。▶繰り返しあそびながら、子どもが形の違いを見つけて自分でできるように見守ります。

あそびのポイント！

楽しめるようになると、散歩の距離がどんどん長くなりますよ。散歩中は周囲の状況に充分注意してください。庭などで行なう場合には色の違うフープを使ってもいいですね。

52 ぐるりんぐるりん

コレが身につく！

- ☑ 四肢をタイミングよく動かす力
- ☑ 腕力
- ☑ 腹筋
- ☑ 背筋

グルリン

▶子どもと向かい合わせに立ち、両手をしっかり握って中腰になります。▶子どもは逆上がりの要領で、大人の膝に足を掛けてグルリンと回ります。▶着地したら手を離しましょう。

あそびのポイント！

タイミングよく、大人のお腹を土台のようにするとグルリンと回れます。あそびが進めば、ひっくり返った状態から、ジャンプして元に戻ることもできるようになります。

ズリズリコースター

◎ 用意するもの
● フェイスタオルなど

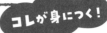
コレが身につく!

☑ 腕力
☑ 腹筋
☑ 背筋

ズリズリ

2〜3歳

▶フェイスタオルの端に玉結びをつくります。▶子どもは腹ばいで寝て結び目を両手でしっかり握ります。▶大人が反対側の端を持ち、ゆっくりと引きずります。

あそびのポイント!

床との接地面積が小さいほどよく進みます。子ども自身がそれに気付いて体を反るようにするのを見守ります。

54 シャカシャカジャンプ

用意するもの

● 持ち手のついたビニール袋
（45リットル程度の大きさ）

コレが身につく！

☑ 四肢の力
☑ 四肢をタイミング
よく動かす力

ジャンプ

ピョン　ピョン

シャカ
シャカ

▶子どもは袋の中に入って持ち手を自分で持ち、繰り返しジャンプしてあそびましょう。

あそびのポイント！

シャカシャカという音が楽しくて何度も繰り返します。両足ジャンプの練習にもなります。持ち手のある袋がない場合には、上部両端を玉結びにしておきましょう。

外あそび

すべり台
シューッとヨイショ

コレが身につく！

☑ バランス感覚
☑ 体幹を保つ力
☑ 下半身の力

> すべり台登りを禁じて
> いる公園もありますの
> で、ルールに従い、適
> 切に判断してください。

2〜3歳

シューッ

ヨイショ

▶はじめはすべり台を前向きに座ってすべります。▶すべり終
わったら、すべり台の坂を歩いて登りましょう。

あそびのポイント！

高さの低いすべり台がおすすめです。すべるときには背筋をまっすぐ
保ってすべれるように、また登るときにはしっかり膝を曲げて、足の
指先に力を入れて登れるように促しましょう。

「鍛える」ではなく
「身につける」感覚で

　2〜3歳以降の幼児期は、「体を鍛える」という考え方よりも、あそびの中で自然に体幹やバランス感覚、ボディーイメージを身につけるという感覚でいるのが望ましいと思います。そのためには、あそびが常に笑顔で楽しく取り組めるものであることが大切です。

　鬼ごっこなどがそうですが、走る、止まる、反転する、かわす、ジャンプするなど、ひとつのあそびの中には、さまざまな運動要素が含まれています。しかし、子どもたちを取り巻く昨今の環境では、鬼ごっこすら難しいかもしれません。そこで、場所もとらず、すぐにできるおすすめのあそびが「かかしのポーズ」です。

　両腕を水平に伸ばし、片足を挙げて「く」の字に曲げて「かかし」のできあがり！　「こんなポーズ、できる？」と誘ってみてください。子どもが興味を示せば、「片足で立ったまま、5つ数えられるかな？」と言って数え、どんどん時間を延ばしていきましょう。

　「おーっとっと……」「フラフラしてると、カラスに笑われちゃうよ〜」など、保護者の方のユーモアや楽しい雰囲気づくりがうまくミックスできれば、子どもたちはさらに眼を輝かせてチャレンジできると思います。

　あそびの方法や内容に、唯一の決まりや正解はありません。「してはいけない」「ねばならない」に囚われず、柔軟な発想で気楽に楽しんでください。

3〜4歳の
楽しい
体幹あそび

56 えびんこ

3〜4歳

コレが身につく！

☑ 柔軟性
☑ 背筋

グッ

▶腹ばいに寝ます。▶胸の横に手をついて、伸ばしながら体を反らせます。

あそびのポイント！

足は伸ばしたまま。お腹あたりまでグッと反れるといいですね。「どこまでできるかな？」などと声かけをしながら、大人も一緒にチャレンジしましょう。

57 ぴょんぴょんガシッ！

3〜4歳

☑ 腹筋
☑ 背筋
☑ 足の力
☑ バランス感覚

ピョン
ピョン
ピョ〜ン

ガシッ！

▶子どもと大人が向かい合わせに立ち、手をつなぎます。▶そして、ピョン、ピョン、ピョ〜ンのリズムで両足ジャンプ！▶大人の腰のあたりを足で挟むようにしてつかまってあそびましょう。

あそびのポイント！

大人は、ジャンプのタイミングに合わせて子どもを引き上げるようにしましょう。

58 タオルゴーラウンド

用意するもの
● フェイスタオルなど

コレが身につく！

☑ 腹筋
☑ 背筋
☑ 腕の力
☑ 体幹を保つ力

左右に

▶子どもは仰向けに寝て、足先を立った大人の足に添えます。▶大人と子ども、それぞれにフェイスタオルの端を持ち、大人が少し引き上げます。▶子どもの背中を浮かせた状態で、子どもを左右に振り動かします。

あそびのポイント！

子どもがお腹と背中に力を入れられるように見守ります。また、左右に振られるのを止めようとすることで体幹を保つ力も養われます。子どもはタオルを離さないように。子どもを下ろすときはゆっくりと。

59 クルッとさん

用意するもの
- エアキャップシート
  ※子どもが両足で乗れる程度の大きさ

コレが身につく！
- ☑ 四肢をタイミングよく動かす力
- ☑ 脚力
- ☑ 上体の使い方
- ☑ バランス感覚
- ☑ 体幹を保つ力

クルッ
クルッ

▶カットしたエアキャップシートの凸面を上にして床に置きます。▶子どもはシートの上に片足で立ち、シートに乗せていないほうの足で床を蹴り、その勢いでクルクルと回ってあそびましょう。▶上手にバランスが取れるように大人がサポート。▶フローリングなどの部屋で行なうとよいでしょう。

あそびのポイント！

蹴る力も大切ですが、上体の使い方がポイント。上手にできたらフィギュアスケート選手のようにポーズを決めても楽しいですね。

60 シューシュースケート

用意するもの

● エアキャップシート
　※子どもが足を乗せられる程度の大きさ

☑ 足指の力
☑ 下半身の力
☑ 体重移動

シュー　シュー

▶カットしたエアキャップシートを2枚用意します。▶凸面を上にして床に置き、子どもはシートの上にそれぞれ片足ずつ乗せて立ちます。▶スケートをするように、すべってあそびましょう。▶フローリングなどの部屋であそぶのがおすすめ。

あそびのポイント！

足の指でシートをつかむようにすると上手にすべれます。エアキャップシートがなければ、タオルや新聞紙などでも代用できます。

61 ゴーゴーアスレチック

3〜4歳

用意するもの
● 大きめのマットレス
（できれば厚さ5cm程度の薄手のもの）

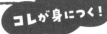

コレが身につく！

☑ バランス感覚
☑ 体幹を保つ力

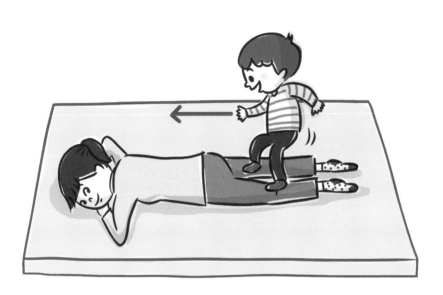

3〜4歳

▶大人はマットレスにうつ伏せに寝て、足は自然に伸ばします。
▶子どもは、ふくらはぎあたりから順に頭のほうへ歩いて進んで
あそびます。▶肩甲骨のあたりまで来たらゴールです。

体はデコボコしているので、バランス感覚を身につけるのにぴったり
です。

62 とんでるヒーロー

コレが身につく！

☑ 背筋
☑ 腹筋
☑ 筋肉への刺激

イチ ニ サン…

グッ

グッ

▶うつ伏せに寝ます。▶指先と両手両足に力を入れ、グッと体を反らせてあそびます。▶10秒間静止できるかな？

あそびのポイント！

ヒーロー、ヒロインになったつもりで、清く正しく美しく。床との接地面積が小さくなるように背中を反らせます。大人も一緒に挑戦しましょう。

63 だるまさんゴロン

3〜4歳

☑ 背筋
☑ 腹筋
☑ バランス感覚

ゴロン

ゴロン

イチ ニ サン…

3〜4歳

▶お山座りをして「だるまさんが転んだ」を歌いながら、ゴロン
と後ろに転がります。▶頭を上げ、転がった姿勢で10数えてあ
そびます。

あそびのポイント！

転がるときには頭を上げて。おへそのあたりを見るようにすると安定
します。

64 ジャンプでピタッ！

3〜4歳

- ☑ 四肢をタイミング
  よく動かす力
- ☑ 脚力
- ☑ 体幹を保つ力
- ☑ バランス感覚

ジャンプ！

ピタッ！

▶大人は膝を伸ばして座り、足を広げます。▶子どもは大人の足を順に両足ジャンプで跳び越えてあそびます。

あそびのポイント！

両足ジャンプをするには、膝を上手に曲げ伸ばしすることが必要です。ピタッと着地ができるといいですね。

65 お山トンネル

3〜4歳

☑ 四肢の力
☑ 腹筋
☑ 背筋
☑ バランス感覚

3〜4歳

▶四つんばいになり、おしりを高く上げて、お山のような形になります。▶これができたら、大人と子ども、交互にトンネルをくぐり合ってあそびましょう。

 あそびのポイント！

手と足は肩幅くらいに開きましょう。手のひら全体が床につくようにすると、より安定するでしょう。体重を手足4点で支えます。

66 三角トンネル

3〜4歳

コレが身につく！

- ☑ 腕の力
- ☑ 腹筋
- ☑ 背筋

イチ　ニ　サン…

▶「お山トンネル」（91ページ参照）からの続きで行ないましょう。▶お山の状態からお尻を下げ、腕立て伏せをするときのように、腰の部分をまっすぐにします。▶10秒間静止してみましょう。

あそびのポイント！

足は少し開いておくと安定します。背中が反ってしまわないように、腹筋と背筋を上手に使うことがポイントです。

片手三角トンネル

3〜4歳

ポーズ！

コレが身につく！

- ☑ 腹筋
- ☑ 背筋
- ☑ バランス感覚
- ☑ 体幹を保つ力

イチ　ニ　サン…

3〜4歳

▶「三角トンネル」（92 ページ参照）の姿勢から、上体を開き、片手を上げます。▶組み体操の扇のポーズです。▶ 10 秒間静止してみましょう。▶左右の手で交互に行なってください。

あそびのポイント！

足を前後に少しずらすと安定します。大人も一緒に取り組むことで、子どもは目で見て理解できます。

68 手押し車 ボウリング

3〜4歳

📏 用意するもの
● 空のペットボトル（500 ミリリットル）

コレが身につく！

☑ 腹筋
☑ 背筋
☑ 腕の力
☑ バランス感覚

▶ペットボトルを 3〜5 本程度立てて並べます。▶手押し車の状態である程度の距離を歩いてから、片手でペットボトルを倒しましょう。

ペットボトルを倒すときには、交互に左右の手を使うように促しましょう。できるようになったら、ペットボトルに水を入れたり、数カ所に分けて立てたりすると、バランス感覚や腕の力が養われます。

おしりすりすり競争

コレが身につく!

☑ **体幹を刺激**
☑ **腹筋**
☑ **背筋**

すりすり

すりすり

3〜4歳

▶お山座りの状態で直進する競争をしましょう。

あそびのポイント!

手のひらと足の裏は床につけたまま行ないます。体幹をフルに活用する動きです。

70 ぶらぶらおサルさん

3〜4歳

☑ 腕の力
☑ 腹筋
☑ 背筋

イチ ニ サン…

3〜4歳

▶大人の腕に子どもがぶら下がってあそびます。▶10 数えたら一度下ろし、再度持ち上げて、上下や前後に腕を揺り動かしましょう。

あそびのポイント！

大人は腕を曲げると安定します。子どもは大人の腕を抱き込むように持って、しがみつきます。

4〜5歳の 楽しい 体幹あそび

71 ぐるぐるゴーラウンド

4〜5歳

☑ バランス感覚
☑ 腹筋
☑ 背筋
☑ 体幹を保つ力

ぐるぐる　ぐるぐる

▶大人はまっすぐに立ちます。▶子どもは大人の手を握り、大人の足に自分の足を添えて、斜めにぶら下がります。▶大人は、手を左右差し替えながら、子どもが自分の周りを回るように動かします。

あそびのポイント！

子どもは足踏みをするように足を動かすとスムーズに回れます。腕を引き寄せ、回る円の大きさを小さくすると難しくなります。反対回りも忘れずに。

72 飛行機ブンブン

4〜5歳

☑ バランス感覚
☑ 腹筋
☑ 背筋
☑ 体幹を保つ力

グッ

ステップ1

▶大人は正座します。▶子どもの腰のあたりを抱え、子どもの足で大人のお腹を挟むようにします。▶子どもは飛行機のように両手を広げ、上体をグッと起こします。

グッ

イチ　ニ　サン…

ステップ2

▶今度は大人が立って行ないます。▶5〜10秒静止できれば大丈夫！

あそびのポイント！

背筋をしっかり使ってあそびましょう。長く静止させるのではなく、「できるかな？」と気分を盛り上げましょう。

4〜5歳

73 いせえびんこ

4〜5歳

イテテ…

▶うつ伏せの姿勢から腕支持で上体を起こします。▶膝を曲げ、つま先を頭につけてみましょう。▶どこまでできるか挑戦です！

動きはゆっくりと。急激に行なうと背筋を痛めることがあります。毎日少しずつ行なうと、徐々にできるようになります。

74 かめかめポーズ

4〜5歳

ウ…

イチ ニ サン…

4〜5歳

▶うつ伏せの姿勢から体を反らせて、自分の足首を持ちます。
▶10秒静止できるかな？

あそびのポイント！

左右の膝を開き気味にすると行ないやすくなります。大人も一緒に
やってみてくださいね。

ひっくりカメ

コレが身につく！

- ☑ 腹筋
- ☑ 背筋
- ☑ バランス感覚
- ☑ 体幹を刺激

コロン

4
〜
5
歳

▶「かめかめポーズ」(101 ページ参照) の姿勢から、横にコロンと転がります。▶このとき足首を持った手を離さずに勢いをつけて体を起こしてみましょう。

あそびのポイント！

はじめは、手を離して床に手をついても構いません。腕だけでなく、上体の力を上手に使えるよう見守ります。

76 手押し車チ〜ン♪

用意するもの
● 卓上ベル（音がなるものであれば何でも可）

☑ 腹筋
☑ 背筋
☑ 腕の力
☑ バランス感覚
☑ 体幹を刺激

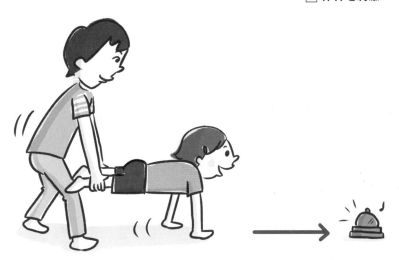

4〜5歳

▶手押し車の状態で歩いて、卓上ベルを鳴らしてあそびましょう。▶卓上ベルがなければ、目印だけでもあそべます。

あそびのポイント！

手押し車で子どもを歩かせる際には、子どもの進むスピードに合わせましょう。また、手押し車で進むときに、お尻を揺らさないで腕の力だけで進めるといいですね。

77 新聞サッサ

4〜5歳

🎞 用意するもの
● 新聞紙

コレが身につく！

☑ ジャンプ力

ジャンプ！

せ〜の！

すばやく引き抜く

4〜5歳

▶新聞紙を1枚広げて床に置きます。▶その上に子どもが立ち、ジャンプ！▶タイミングを合わせて大人が新聞紙を引き抜きます。▶破れずにジャンプできるかな？

あそびのポイント！

子どもはしっかりと両足ジャンプができるように。大人はすばやく新聞紙を引き抜きます。

78 ピョンピタ！

4〜5歳

🎯 用意するもの
● 座布団（薄手のクッションでも可）

コレが身につく！

☑ ジャンプ力
☑ バランス感覚
☑ 体幹を保つ力

ピョン

ピタ！

▶座布団を床に置き、両足でジャンプして乗ります。▶できたら、座布団を2枚、3枚と増やしてチャレンジしましょう。

あそびのポイント！

最初は大人が手を持ってあげましょう。両足ジャンプのあと、バランスよく立てるように見守ります。

79 ぐるりん鉄棒

4〜5歳

コレが身につく！

☑ 腕の力
☑ 腹筋
☑ 背筋
☑ バランス感覚

ぐるりん！

4〜5歳

▶大人は片膝をついて立ち、利き手でないほうの腕を鉄棒に見立てて伸ばします。▶子どもは大人の伸ばした腕の外側に立ち、腕を下から抱えます。▶大人がおしりを支えて、逆上がりの要領でぐるりんと回転しましょう。

あそびのポイント！

子どもが途中で手を離さないように注意しましょう。大人の手で子どもを回すのではなく、子どもが自分で体を引き上げようとする力を大切に。

ぐいぐいラッコ

用意するもの
● 小さめのボール

コレが身につく！

☑ 腹筋
☑ 背筋
☑ バランス感覚
☑ 体幹を保つ力

ゆっくり引く

▶子どもは仰向けに寝ます。▶ボールを両手で持ってお腹に乗せ、頭を少し持ち上げます。▶大人は子どもの両足を持ち、ゆっくり引きながら移動しましょう。

あそびのポイント！

首筋や腹筋を使って頭を上げられればよいのですが、難しい場合には両手で頭を抱えるようにしましょう。また、移動する際には、左右にジグザグ動かしながら引くと、体幹がさらに刺激されます。

81 お好み焼きごっこ

4〜5歳

- ☑ 体の力の入れ方
- ☑ 四肢の力

ひっくり返すよ〜

▶子どもはうつ伏せに寝ます。▶大人は子どもをひっくり返すように動かします。▶子どもには、ひっくり返されないように体のいろいろな部分に力を入れるよう促しましょう。▶ひっくり返されたら、交代してあそびましょう。

あそびのポイント！

子どもは「お好み焼き」ですから、焦げないうちにひっくり返さないといけません。いろいろな言葉をかけて、雰囲気を盛り上げましょう。

108

82 新聞ツイストゲーム

4〜5歳

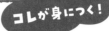
用意するもの
●新聞紙

コレが身につく！

☑ **体幹を刺激**
☑ **バランス感覚**

ツイスト！
ツイスト！

▶新聞紙を1枚床に広げ、半分に子ども、半分に大人が裸足で立ちます。▶「ヨーイ、ドン！」の合図で足の裏は新聞紙につけたまま、腰や膝を使ってツイストし（ひねり）ます。▶新聞紙が破れるまで行ない、新聞紙の大きさの大きいほうが勝ちです。

あそびのポイント！

4歳くらいになると、体をねじれるようになります。思いっきりツイストしてあそびましょう。

109

じゃんけんイェイイェイ！

じゃんけん
ホイ！

4
～
5
歳

▶新聞紙を２枚床に広げ、子どもと大人がそれぞれに両足で立ちます。▶ジャンケンをして、負けたほうが新聞紙（家）を半分に折ります。▶どちらかが新聞紙に立てなくなるまで続けましょう。

あそびのポイント！

新聞紙（家）が小さくなるにつれ、両足立ちから片足立ち、最後はつま先立ちになります。バランスよく立てるようにがんばります。

84 ぷるぷるバランス

4〜5歳

☑ 体幹を保つ力
☑ バランス感覚
☑ 腹筋

ぷるぷる

イチ ニ サン…

4〜5歳

▶膝を伸ばして座り、両手を肩の高さに広げます。▶体がVの字になるように足を引き上げ、10数えてみましょう。

あそびのポイント！

足は膝を伸ばしてそろえたまま上げます。腹筋が鍛えられますよ。難しければ、最初は手をお尻の後ろについても大丈夫！

ひっぱりスキー

◎ 用意するもの
● エアキャップシート
　※子どもが足を乗せられる程度の大きさ

コレが身につく！

☑ 腹筋
☑ 下半身の安定性
☑ 上体のバランス感覚

膝を
伸ばす

▶エアキャップシートを2枚、凸面を上にして床に置き、片足ずつ乗せます。▶しゃがんだ状態から、大人が手を引き移動します。▶移動中、子どもは徐々に膝を伸ばしましょう。

水上スキーの要領です。体は後傾になるように。難しいときは、少し大きなエアキャップシート1枚に両足を乗せてください。

すりすりカニ歩き

🎀 用意するもの
● エアキャップシート
　※子どもが足を乗せられる程度の大きさ

コレが身につく！

☑ **腹筋**
☑ **下半身の安定性**
☑ **上体のバランス感覚**

横歩き →

▶エアキャップシートを2枚、凸面を上にして床に置き、片足ずつ乗せます。▶カニのように横歩きをしてみましょう。

あそびのポイント！

押し出すほうだけでなく、引き寄せるほうの足もしっかりスライドさせて移動するように見守ります。上体が前に倒れないようにしましょう。

デコボコマットで
オットット〜でピッ！

「用意するもの」と「デコボコマット
のつくり方」は 36 ページ参照

コレが身につく！

☑ バランス感覚
☑ 体幹を保つ力

ピッ！

▶「デコボコマット」の上でバランスよく立てるかな？▶立てた
ら「ピッ！」とポーズを決めてあそびましょう。

風船を隙間なく詰めるとさらに難しくなります。大人も一緒にチャレ
ンジしましょう。

デコボコマットで
片足バランス

「用意するもの」と「デコボコマットの
つくり方」は 36 ページ参照

コレが身につく！

☑ バランス感覚
☑ 体幹を保つ力

おっとっとっ

4〜5歳

▶「デコボコマット」の上で片足立ちに挑戦しましょう。▶左右
の足、ともに取り組みましょう。

風船の上にしっかり乗るのがポイントです。膝を高く上げましょう。

115

デコボコマットで
ジャンピング！

「用意するもの」と「デコボコマット
のつくり方」は36ページ参照

コレが身につく！

☑ バランス感覚
☑ 体幹を保つ力

ジャンプ！

▶「デコボコマット」に両足ジャンプで跳び乗ってみましょう。

バランスを崩しやすいので、大人が必ずサポートしてください。

新聞棒で指先バランス

4〜5歳

「用意するもの」と「新聞棒のつくり方」は 52 ページ参照

コレが身につく！

☑ バランス感覚
☑ 体幹を保つ力

4〜5歳

▶「新聞棒」を手のひらに乗せ、倒れないようにバランスをとってあそびましょう。

4〜5 歳になると細かな動きができるようになります。上手にできるようになったら、人差し指の先でもチャレンジしましょう。

91

新聞棒で
ジャンプ＆ホイサッサ

> 「用意するもの」と「新聞棒のつくり
> 方」は52ページ参照

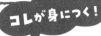

コレが身につく！

☑ バランス感覚
☑ 体幹を保つ力
☑ ジャンプ力

ホイサッサ

ジャンプ！

左右に

▶「新聞棒」を床につけ子どもの足元で左右に動かします。▶子どもは「新聞棒」に当たらないようにしながら、両足でジャンプをします。

あそびのポイント！

ジャンプの際、足はそろえるようにしましょう。子どもの様子を見て、速さや回数を調節しましょう。

92 おすわりシッポとり

4〜5歳

● フェイスタオル

☑ **体幹を刺激**
☑ **腹筋**
☑ **背筋**

逃げる

シッポをとる

4〜5歳

▶大人がフェイスタオルをシッポに見立てて腰につけて座ります。▶子どもは大人の周りに座り、座ったままの姿勢でシッポを取りに行きます。▶大人も座ったままの姿勢で逃げましょう。

あそびのポイント！

難しければ、ハイハイの姿勢でも大丈夫！ 2〜3歳児が挑戦する場合には、子どもは立って動くようにしましょう。

93 だっこ？おんぶ？

4〜5歳

だっこ？　　おんぶ？

4〜5歳

▶子どもをだっこします。子どもは自身の足で大人の体をしっかりと挟みましょう。▶そのまま、大人の手で支えながら、背中側へ移動しましょう。▶おんぶの姿勢になったら、今度は前に戻ってきましょう。

大人は膝を少し曲げて踏ん張りましょう。子どもが足で体を挟み続けるように、手と言葉でサポートしましょう。

94 ピョンピョンタッチ！

4〜5歳

☑ 腹筋
☑ 背筋
☑ バランス感覚
☑ 体幹を保つ力
☑ 腕の力

せ〜の！　　　　　　　　タッチ！

▶大人は膝を伸ばして座ります。▶子どもは大人の足のあたりか、足の間に立ちましょう。▶いったん腕を縮め、「せ〜の！」で呼吸を合わせて、お互いにピョンと両手を伸ばしてタッチします。▶合わせた手に重心をかけてしっかりと立てるようにしましょう。

あそびのポイント！

子どもの立つ位置は、互いの手を合わせたときに前傾姿勢になる位置に。徐々に大人の手の力を小さくしていきましょう。大人の押す力が大きすぎると転倒の原因になります。

4〜5歳

95 あっちこっちジャンプ！

📏 用意するもの

● 座布団（ダンボールでも可）
● ペットボトル（目印になれば何でも可）

コレが身につく！

☑ 腹筋　☑ 背筋
☑ バランス感覚
☑ 体幹を保つ力
☑ ジャンプ力

▶座布団をいくつかつなげて並べます。▶まずは両足ジャンプで跳んでいきましょう。▶繰り返してあそびが深まったら、数カ所にペットボトルを置きます。▶ペットボトルのないところは前向きにジャンプ、ペットボトルのあるところはペットボトルのある方向を向くように回転を加えてジャンプします。

あそびのポイント！

両足ジャンプに 90 度回転を加えることで体幹を刺激します。自分の思うように体を動かせるようになるのは、とても大切なことです。

タオルで 起き上がりこぼし

用意するもの

● フェイスタオルなど

コレが身につく！

☑ 腹筋
☑ 背筋
☑ バランス感覚
☑ 体幹を保つ力

▶仰向けに寝ます。▶フェイスタオルの両端を持ち、中程に足をかけます。▶起き上がりこぼしのように体を揺らしながら、上体を起こしてあそびます。

腹筋をタイミングよく使うことがねらいです。大人は安全に行なえるよう、体を支えるなどしてフォローします。

外あそび

ジャングルキッズ

コレが身につく！

☑ 腹筋　☑ 背筋
☑ バランス感覚
☑ 体幹を保つ力
☑ 思考力

▶公園などで行ないます。▶ジャングルジムであそぶ際に、上り下りだけでなく、中に入ったり、横移動したり、さまざまな動きを楽しみます。▶大人は声かけをしながら安全にあそべるようサポートします。

あそびのポイント！

自分が行きたいところを自分で決め、そこへ向かう道筋を自分で考えて動けるように見守ります。ロープジャングルジムだと、さらに効果的です。

外あそび

マジックランニング

コレが身につく！

☑ 四肢の力
☑ バランス感覚
☑ 体幹を保つ力
☑ 脚力

スタート

ゴール

4〜5歳

▶地面に水でまっすぐに線を引き、その上をゆっくりと走ります。▶あそびが深まったら「ヨーイドン！」。▶かけっこをしてあそびましょう。

あそびのポイント！

4〜5歳になると、速く走りたいという気持ちが芽生えます。そんな気持ちを盛り上げるべく、線を引くときに「速く走れる魔法の線だよ」と声かけを。走ることが好きになるのがいちばんのねらいです。

ぽんぽんずもう

コレが身につく！

☑ バランス感覚
☑ 体幹を保つ力

ぽん
ぽん

▶親子で向かい合わせに立ちます。▶足をしっかり踏ん張って、両手で軽く押し合いましょう。▶足の裏が先に床から離れたほうが負けです。

あそびのポイント！

立つ位置は、互いに少しひじを曲げた状態で手が触れ合う距離で。足は肩幅程度に開きましょう。時々フェイントをかけると楽しくなります。

新聞棒で ケンケンバランス

「用意するもの」と「新聞棒のつくり方」は 52 ページ参照

コレが身につく!

☑ バランス感覚
☑ 体幹を保つ力
☑ 四肢の力
☑ 協調性

スタート

ゴール

▶親子で並んで立ち、それぞれの内側の足の甲に「新聞棒」を乗せます。▶足を上げて「新聞棒」を落とさないようにバランスを取ったら、息を合わせて前に進みましょう。

あそびのポイント!

片足で立つこと、人とタイミングを合わせること、「新聞棒」を落とさないことの 3 つのバランスを取るという難易度の高いあそびです。最初は 1 メートルを目指して、楽しみながら取り組んでください。

【監修者紹介】

小倉和人（おぐら・かずひと）

こどものあそび作家。KOBE こどものあそび研究所所長。
神戸・明石などの保育園を中心に計4カ所、17年間の勤務経験がある。その後、子どものあそびと育ちを考える「KOBE こどものあそび研究所」を立ち上げる。乳幼児の運動あそび、親子あそびやパパと子どもだけであそぶ父親の子育て支援など、楽しいイベント・研修会などを数多く行なっている。また、乳幼児のあそびの中に身近なものを使って取り入れることにも力を入れ、製作あそびを保育雑誌などに執筆している。著書に『0・1・2 3・4・5歳児の たっぷりあそべる手作りおもちゃ』『0〜5歳児 ごっこあそびアイディア BOOK』『0〜5歳児 夢中がギュッ！夏のあそびコレクション★』『写真たっぷり！0・1・2歳児の運動あそび』『写真たっぷり！3・4・5歳児の運動あそび』（以上、ひかりのくに）などがある。

装幀・本文組版◎朝田春未
装画◎野田節美
本文イラスト◎野田節美・池田蔵人
編集協力◎清塚あきこ

姿勢がよくなる！ 集中力が育つ！
0〜5歳の楽しい体幹あそび

2020年5月5日　第1版第1刷発行
2022年9月29日　第1版第9刷発行

監修者　小倉和人
発行者　村上雅基
発行所　株式会社PHP研究所
　　　　京都本部 〒601-8411　京都市南区西九条北ノ内町11
　　　　〔内容のお問い合わせは〕教育出版部 ☎ 075-681-8732
　　　　〔購入のお問い合わせは〕普及グループ ☎ 075-681-8818
印刷所　凸版印刷株式会社